Heike Wolter
Regina Masaracchia

Oma
war
die Beste!

Das Kindersachbuch zum Thema
Sterben, Trösten und Leben

Band 13 der Kindersachbuchreihe „Ich weiß jetzt wie!"

Bibliografische Information der Deutschen Nationalbibliothek
Die Deutsche Nationalbibliothek verzeichnet diese Publikation in der Deutschen Nationalbibliografie; detaillierte bibliografische Daten sind im Internet über http://dnb.d-nb.de abrufbar.

1. Auflage	April 2011
© 2011	edition riedenburg
Verlagsanschrift	Anton-Hochmuth-Straße 8, 5020 Salzburg, Österreich
Internet	www.editionriedenburg.at
E-Mail	verlag@editionriedenburg.at
Lektorat	Dr. Caroline Oblasser
Satz und Layout	edition riedenburg
Herstellung	Books on Demand GmbH, Norderstedt

ISBN 978-3-902647-19-1

Inhalt

Sterben, Trösten, Leben   5

Oma war die Beste!   6

Zur Erinnerung an Oma und Opa   42

Hilfreiche Tipps   44

Glossar für Eltern   46

Wichtige Adressen   48

Nachwort   49

Die Autorinnen   50

Für
Oma Lotte & Opa Erwin

Sterben, Trösten, Leben

Auch heute, wo Familien kleiner werden und Großeltern oft nicht mehr im Haus oder in der gleichen Stadt wohnen, haben viele Kinder unabhängig von der Entfernung eine ganz besondere und enge Beziehung zu Oma und Opa.

Diese sind enge Vertraute, manchmal Freunde, Spielkameraden und nicht zuletzt ein Symbol für die eigene Geschichte. Oma und Opa sind alt mit allem, was dazu gehört – nicht mehr ganz flink, dafür aber geduldig; nicht unbedingt auf dem neuesten Stand, aber voller Geschichten aus einer anderen Zeit.

Dass Oma oder Opa sterben, ist eine Erfahrung, die viele Kinder machen. Abgesehen vom Tod eines Haustiers ist es sogar der Anlass, bei dem Kinder häufig zum ersten Mal ganz unmittelbar mit dem Sterben konfrontiert werden. Und obwohl sie theoretisch ganz genau wissen, dass man nun mal stirbt, wenn man ganz alt ist, merken sie doch, welch große Lücke der Tod hinterlässt.

So geht es auch Elias und Malin. Ihre Oma Hanni ist schon alt und stirbt schließlich. Traurig sein und getröstet werden, stehen bleiben und weiter gehen, zweifeln und vertrauen – all das wird zu einer wichtigen Erfahrung.

Gute Gespräche, sei es aus aktuellem Anlass oder einfach so,
wünschen die Autorin & die Illustratorin
Heike Wolter & Regina Masaracchia

Hallo!

Ich heiße Elias, bin sieben Jahre alt und gehe in die zweite Klasse. Am liebsten fahre ich mit meinem Fahrrad oder lese, das kann ich nämlich schon gut. Bei uns hat sich im letzten Jahr einiges verändert, denn wir sind in eine andere Stadt gezogen, ins Haus von Oma Hanni und Opa Walter. Das ist toll! Ich sehe meine Großeltern jetzt jeden Tag. Leider geht es Oma in der letzten Zeit nicht so gut und Mama und Papa meinen, sie braucht ein wenig Hilfe von uns.

Da sind meine Schwester Malin, die fünf Jahre alt ist, und ich genau die Richtigen. Wir wissen nämlich genau, wie man Oma eine Freude macht. Meine Eltern heißen Anne und Tobias und auch sie tun alles für Oma und Opa! Dann haben wir noch eine Schwester, Lilly, aber sie ist nicht mehr bei uns. Sie ist ein Sternenkind, weil sie schon als Baby gestorben ist. Als das passiert ist, waren Oma und Opa immer für uns da und haben viel mit Malin und mir unternommen.

Oma Hanni und Opa Walter sind Mamas Eltern. Deshalb freut sich Mama auch ganz besonders, dass wir in einem Haus wohnen. Wir sind zu Oma und Opa gezogen, um alle nah beisammen zu sein. Mama meint, es ist jetzt ein bisschen wie früher. Ich find es auch prima, denn bei Oma und Opa dürfen wir manchmal Dinge machen, die eigentlich nicht erlaubt sind, und außerdem hat Oma viel Zeit und Opa immer tolle Ideen.

ℭ Das sind wir ℬ

Opa
Walter

Oma
Hanni

Papa
Tobias

Mama
Anne

Elias   Malin

„Oma ist alt", haben uns Mama und Papa schon vor langer Zeit erklärt, „deshalb bewegt sie sich nur noch sehr langsam und versteht auch nicht mehr so gut, was um sie herum passiert."

Als ich heute aus der Schule komme, hüpfe ich gleich die Treppen hoch. Ich schaue ins Wohnzimmer, wo Omas Bett steht, aber Oma hat die Augen geschlossen. Schläft sie heute etwa schon vor dem Essen? „Elias, Oma ist heute besonders müde und muss sich ausruhen", flüstert Opa, als er hereinkommt. „Schade", murmele ich, „ich wollte ihr nämlich gerade von meiner geplanten Fahrradtour erzählen."

Opa meint, ich könnte doch meine Matheaufgaben machen, bis Oma aufwacht. Aber dazu habe ich gar keine Lust, ich muss nachdenken. In der Schule haben wir nämlich gelernt, dass jeder mal sterben muss – jede Pflanze, jedes Tier und jeder Mensch. Auch meine Oma?

Am Abend ist Oma wach. Papa kümmert sich um das Abendessen, und wir sitzen am großen Tisch. Nur Oma nicht, sie liegt in ihrem Bett. Alle reden durcheinander und berichten von ihrem Tag. Irgendwann meint Oma dann: „Wollt ihr auch wissen, was es bei mir Neues gab?" – und wir schmunzeln, weil bei Oma ja wieder nichts passiert ist. Aber dann erzählt Oma Geschichten von früher, und Kater Karlo schnurrt dabei zufrieden auf der Bettdecke.

Vergesslichkeit ⟶ ist eine typische Begleiterscheinung des Altwerdens, doch kann sich dahinter auch eine Krankheit namens ‚Demenz' verbergen. Oma kann sich nicht mehr so gut erinnern, vor allem an Dinge, die gerade erst passiert sind. Außerdem verwechselt sie Namen, vergisst, was man zu ihr gesagt hat, oder findet gewisse Dinge nicht mehr. Es hilft Oma, wenn die Tage immer ähnlich ablaufen, damit sie sich besser zurechtfindet.

Dann klingelt es an der Tür. „Guten Abend!",
begrüßt uns Schwester Katrin. Sie kommt jeden
Tag am Morgen und am Abend, um nach Oma
zu schauen. Mama hat mir erklärt, dass Katrin bei einem Hilfsdienst
arbeitet. Das bedeutet, dass Katrin nachsieht, ob Oma auch keine
Schmerzen hat, sich mit ihr unterhält und ihr beim Anziehen hilft.
Manchmal spielt sie auch Memory mit Oma. Sie sagt, das hilft ihr.
Und wenn Opa, Mama oder Papa erzählen wollen, wie es ihnen selbst
geht, dann hört Katrin zu.

 Lautstark begrüßt Omas Wellensittich Putzi Schwester Katrin.
Ob er wohl auch einmal von ihr gewaschen werden möchte?

Mama sagt, dass Katrin da ist, tut Oma und uns allen gut. Das
stimmt: Als ich einmal traurig war, weil es Oma gar nicht gut ging,
hat Katrin mich getröstet. Sie hat auch für Malin und mich eine Patin
organisiert. Das war eine Frau, die mit uns einen Spaziergang zum
Spielplatz gemacht hat, als Mama, Papa, Oma und Opa ein langes
Gespräch mit Omas Arzt hatten.

Katrin kümmert sich darum, dass wir nicht so traurig sind, und dass
Oma bei uns bleiben kann. Egal wie alt Oma auch ist, wenn sie nicht
mehr alles alleine machen kann. Und wenn wir Katrin mal ganz
dringend brauchen, dann ist sie immer erreichbar. Sogar mir hat sie
ihre Telefonnummer gegeben und gesagt: „Elias, wenn du gar nicht
weiter weißt und denkst, dass du mit niemandem reden kannst, dann
rufst du mich einfach an! Abgemacht?"

Katrin ist Palliativpflegerin → und kommt zu Oma nach Hause. Sie kann Oma zwar nicht heilen, denn Oma ist schon sehr alt, aber sie pflegt Omas Körper, begleitet sie in ihrem Leben und hört ihr zu. Als Pflegerin besucht Katrin Menschen, die bald sterben. Sie kümmert sich in dieser schwierigen Zeit auch um alle anderen Familienmitglieder und ermutigt sie, vor dem Pflegen ihrer lieben Angehörigen keine Angst zu haben.

Inzwischen sind ein paar Tage vergangen. Ich sitze in der Schule und denke an Oma.

Auch wenn sie nicht mehr aufstehen kann, ist meine Oma trotzdem immer für mich da. Sie vergisst zwar sehr oft, was ich ihr erzählt habe, aber sie hört mir dafür auch ewig lang zu.

Wenn ich mal nicht so zufrieden mit etwas bin, gehe ich am liebsten zu Oma. Sie hat immer eine gute Idee, was ich machen kann.

Manchmal erinnern wir uns auch gemeinsam an das, was wir schon zusammen erlebt haben. Zum Beispiel an den Zirkus. Als unsere kleine Schwester Lilly gestorben ist und Malin und ich so traurig waren, haben Oma und Opa uns mit in den Zirkus genommen. Das war lustig! Und als wir daheim davon erzählt haben, konnten sogar Mama und Papa wieder einmal lachen.

 Mitten in meine Gedanken platzt meine Sitznachbarin Charlotte. Sie stößt mich unsanft an: „Elias, aufwachen! Dein Heft ist ganz leer, du hast ja noch gar nicht abgeschrieben, was an der Tafel steht!"

„Meiner Oma geht es nicht so gut", erzähle ich ihr kurz.

Charlotte meint, das sei in ihrer Familie genauso gewesen, aber jetzt sei ihre Oma schon tot.

Tot? Vielleicht wird Oma also doch sterben?

Jeder Mensch ⟶ stirbt einmal. Meistens sterben alte Menschen. Sie werden schwächer und vielleicht auch krank. Sehr selten stirbt auch schon ein jüngerer Mensch oder ein Baby. Die Familie ist nach einem Todesfall sehr traurig, denn jeder erinnert sich an viele schöne Erlebnisse mit der / dem Verstorbenen oder denkt daran, was man alles noch gemeinsam machen wollte. An welche besonderen Tage mit Oma / Opa erinnerst du dich am liebsten?

Ich will aber nicht, dass meine Oma stirbt! Meine Oma ist nämlich die allerbeste Oma auf der ganzen Welt. Schon früher wollte ich immer zu ihr. Das sagt jedenfalls Mama. Jetzt ist Oma bei uns, und ich möchte sie überraschen.

Als ich heimkomme, habe ich gar keine Zeit, jeden zu begrüßen. Ich rufe nur kurz „Hallo!" und verschwinde gleich in meinem Zimmer. Irgendwo muss das Fotoalbum doch sein, das mir Oma und Opa zum Schulanfang geschenkt haben.

„Da ist es ja!", freue ich mich, als ich es im Schrank finde. Es sind ganz viele Bilder eingeklebt: von dem Tag, an dem ich geboren wurde, verkleidet in meinem Kinderzimmer, im Kindergarten und schließlich mit meiner Schultüte.

„Genau das ist es! So was braucht Oma auch", beschließe ich. Dann nehme ich mir einige Blätter Papier und male und schreibe ein ganz besonderes Buch für Oma. Da kommen all die Dinge rein, die wir miteinander schon erlebt haben: Oma und Opa mit mir als Baby, Opa baut Türmchen mit mir, Oma liest im Schaukelstuhl sitzend vor, die ganze Familie vor dem Weihnachtsbaum.

Ich bin sicher, dass Oma mein Buch mag. So kann sie sich auch im Bett immer anschauen, was wir schon zusammen gemacht haben. Unter jedes Bild schreibe ich die Namen der Personen, denn sonst vergisst Oma wieder, wer da eigentlich zu sehen ist.

Fotoalben oder Erinnerungsbücher ➞ gibt es in jeder Familie, denn wir erinnern uns gerne an besonders schöne Momente in unserem Leben. Vielleicht hast du sogar einen Fotoapparat, um Bilder von diesen Ereignissen zu machen. Ein Fotoalbum oder Erinnerungsbuch zu gestalten, ist für dich selbst spannend, und bestimmt freuen sich auch Oma / Opa über deine Idee. Welches Bild würdest du als erstes in ein solches Buch einkleben?

Wenig später laufe ich zu Mama. „Kann ich schon zu Oma und Opa gehen?", frage ich ganz ungeduldig. „Noch nicht, Elias, Oma schläft noch", meint Mama.

„Na gut", denke ich mir, „dann habe ich ja noch Zeit, Omas Album einzupacken." Rasch sause ich zurück in mein Zimmer und hole das besonders schöne, blaue Geschenkpapier aus meiner Papierlade. Als ich das Album fertig verpackt habe, schreibe ich mit dickem Filzstift „Für die allerbeste Oma der Welt" oben drauf.

Endlich darf ich zu Oma und Opa. Oma liegt im Bett und liest ein Buch. „Hallo Oma!", rufe ich ihr zu. „Sieh mal, was ich heute Tolles für dich gebastelt habe." Stolz gebe ich ihr mein Päckchen.

Erst liest Oma laut vor, was ich darauf geschrieben habe, und auch Opa guckt neugierig zu uns her. Dann packt sie mein Buch vorsichtig aus, dreht und wendet es und zittert wie immer ein bisschen dabei.

„Tschieep tschieep", macht Putzi. „Du bist natürlich auch drin", sage ich zu ihm, und Putzi flattert vor Freude hoch bis zur Decke.

Als Oma das ganze Album durchgeblättert hat, lächelt sie mich an und flüstert: „Und das hast du nur für mich gemacht?"

Habt ihr auch ein Haustier? ⟶ Tiere sind wichtige Begleiter für den Menschen. Sie hören geduldig zu, sind verschmust und ein Trost in schwierigen Zeiten. Oma und Opa können mit Hund, Katze oder Wellensittich ihre Gedanken und auch Ängste teilen. Ein Tier ist lebendig und bringt auch älteren Menschen viel Freude ins Haus.

Auf einmal rinnt eine Träne über Omas Wange. „Findest du mein Buch nicht so schön?", frage ich. Oma nimmt mich in den Arm und meint: „Doch, Elias, es ist wunderschön! Weißt du, ich weine, weil ich gerade sehr glücklich bin. Mit deinem Album kann ich mich jetzt jeden Tag daran erinnern, was wir beide schon zusammen gemacht haben." „Und vielleicht mal wieder machen werden", rufe ich begeistert. Aber Oma guckt irgendwie komisch.

Dann ist es still und ich überlege, ob ich Oma etwas fragen kann. Schließlich flüstere ich: „Oma, wirst du sterben?"

Oma runzelt die Stirn und antwortet: „Jeder Mensch stirbt einmal, Elias. Wann das sein wird, weiß niemand so genau. Aber ich fühle mich in letzter Zeit oft recht kraftlos. Vielleicht ist das so beim Sterben. Ich kann es dir nicht erklären."

Was Oma gesagt hat, macht mir Angst, denn Omas wissen doch alles. Warum weiß Oma das mit dem Sterben dann nicht?

Bevor ich weiter nachgrübeln kann, sagt Oma, dass ich etwas für sie aufbewahren soll. Sie gibt mir eine silberne Schachtel. Darin sind lauter Pflaster, jedes mit einem lachenden Gesicht. „Schau mal, Elias, das sind Trostpflaster. Wenn ich mal gestorben bin, seid ihr sicher alle ganz traurig, aber ich möchte, dass ihr lacht und spielt und euch mit Freude an mich erinnert. Aber wenn es euch schlecht geht, dann gibt es diese Trostpflaster."

Wenn es dir schlecht geht ⟶ suchst du Trost. Das heißt, dass du trotz deiner Traurigkeit auch an etwas Schönes denken möchtest. Zum Trösten gehört, dass das traurige Thema nicht verdrängt wird, sondern seinen Platz bekommt. Helfen können dir zum Beispiel liebe Worte, ein Mensch, der dich umarmt und deine Tränen trocknet. Aber auch ein Symbol wie das Trostpflaster kann dir helfen, dich nicht allein zu fühlen.

An diesem Abend kommt Mama wie immer, um mir Gute Nacht zu sagen. Sie merkt, dass ich ein bisschen traurig bin und erzählt mir eine Geschichte von früher.

„Als ich noch ein kleines Mädchen war, hat Oma oft mit mir gespielt. Oma hatte eigentlich viel zu tun – Wäsche waschen, kochen, aufräumen –, aber zum Spielen war Zeit. Ich durfte immer bei allem helfen. Eines Tages sollte ich mein liebstes Kleid ausziehen und es in die Wäsche geben. Aber ich wollte nicht, denn dann würde es so lange brauchen, um trocken zu werden. Ich hab geschrien und gewütet und irgendwann hat Oma gesagt: ‚Na gut, dann wirst du eben mitgewaschen.‘ Und schon hat sie mich in das Wäschefass gesetzt und von oben bis unten samt Kleid abgeschrubbt. Erst hab ich gemeckert, aber Oma hat mich so breit angelacht, dass ich das irgendwann auch ganz lustig fand.“

Später liege ich im Bett und denke noch lange über Omas Worte nach. Vor allem erinnere ich mich an Lilly, meine kleine Schwester. Als sie gestorben ist, waren wir auch alle sehr traurig, aber nach einer Weile wurde es besser.

Dass Oma und Opa da waren, hat uns dabei geholfen.

Aber wer hilft mir, wenn Oma einmal nicht mehr da ist?

Male oder schreibe → an welche lustige Begebenheiten mit Oma und Opa du dich erinnerst!

Einige Tage später wache ich morgens auf. Die Sonne blinzelt ein kleines bisschen hinter den grauen Herbstwolken hervor. Ich erinnere mich daran, dass wir heute einen Ausflug ins Aquarium machen wollten.

Rasch springe ich aus dem Bett und laufe die Treppen hinunter. „Komisch, ist noch niemand in der Küche?", denke ich mir. Es ist viel stiller als sonst.

Als ich in unser Wohnzimmer komme, merke ich gleich, dass irgendetwas anders ist als sonst. Mama rührt traurig im Kaffee, Papa telefoniert leise und hat Malin auf dem Bein sitzen. Selbst Opa ist da, aber er sitzt seltsam zusammengesunken auf dem Sofa.

Mir wird ganz mulmig. Da nimmt mich Opa auch schon in den Arm und sagt: „Oma ist heute Nacht gestorben, Elias. Oma ist tot."

„Nein! Das kann überhaupt gar nicht sein!", protestiere ich. „Oma wollte nämlich unbedingt, dass ich ihr von den Fischen im Aquarium erzähle!"

Dann fange ich an zu weinen. Opa weint auch, und Mama auch. Papa beendet sein Telefonat und guckt ganz verzweifelt.

Am liebsten würde ich Oma fragen, was wir jetzt tun sollen.

Aber Oma lebt ja nicht mehr.

Nach dem Tod von Oma / Opa ➔ werden sich Erwachsene in der ersten Zeit vielleicht anders als sonst verhalten. Auch sie sind sehr traurig und vermissen Oma / Opa, so wie du auch. Du kannst Mama und Papa trotzdem alle Fragen stellen, die dich interessieren. Und wenn du einen Wunsch hast, wie es dir besser gehen würde, dann erzähle ihn deinen Eltern!

„Lasst uns jetzt zu Oma gehen und uns von ihr verabschieden", schlägt Papa nach einer Weile vor. Er erklärt uns, dass später ein Bestatter kommen und Oma mitnehmen wird. Aber davor darf jeder von uns noch ein wenig Zeit mit Oma verbringen. Im Gänsemarsch laufen wir die Treppe hinauf.

In Omas und Opas Wohnzimmer ist alles wie immer, sogar Oma ist da. „Schläft Oma?", denke ich mir. Ich gehe ganz nah an sie heran. Als ich merke, dass sie sich gar nicht bewegt, sondern nur still daliegt, werde ich ganz traurig. Eine dicke Träne kullert aus meinem Auge auf Omas Bettdecke.

Ich kann mir gar nicht vorstellen, dass mich Oma nicht mehr fragen wird, wie es in der Schule war, und ich nicht mehr fragen kann, was ich tun soll, wenn ich mich mal schlecht fühle.

Niemand sagt etwas. Opa, Mama, Papa und Malin denken wohl auch gerade daran, was sie nun nicht mehr mit Oma machen können. „Möchtet ihr euch zur Erinnerung etwas von Omas Sachen aussuchen?", fragt Mama Malin und mich. Das wollen wir sehr gerne. Ich nehme Omas großes Vorlesebuch und Malin entscheidet sich für einen Haarreif.

Gerade als ich mich umdrehen will, um Oma Tschüss zu sagen, entdecke ich auf ihrem Handrücken ein kleines Trostpflaster mit einem lachenden Gesicht darauf. Und da muss ich doch ein wenig lächeln, denn jetzt weiß ich ganz sicher: Oma hat an mich gedacht.

Sich nach dem Tod zu verabschieden ⟶ ist wichtig für die ganze Familie. Wenn du aber die tote Oma / den toten Opa nicht mehr siehst, kannst du auch aufschreiben, was dir wichtig ist und den Brief zum Grab bringen. Oder du malst ein Bild. Gibt es etwas, das du bei Oma / Opa schon immer sehr gern gehabt hast? Frage, ob du es behalten darfst als Erinnerung. So hast du immer einen Trost, wenn dir besonders traurig zumute ist.

Der Rest des Tages ist schrecklich langweilig, obwohl viele Leute kommen, um Oma noch ein letztes Mal zu sehen. Sie sagen zum Beispiel „Herzliches Beileid!", doch ich verstehe gar nicht, was das bedeutet.

Die Nachbarin, Frau Pichler, meine Patentante Julia mit ihrer Familie und Papas Bruder Matthias mit seiner Frau sind auch da. Mama kocht für alle Kaffee und schreibt viele Dinge auf, an die sie noch denken muss.

Ich weiß nicht, was ich machen soll und ich möchte auch gar keinen sehen. Ich will nicht essen, nicht spielen, nicht mal rausgehen. Aber von den Erwachsenen hat auch keiner Zeit.

Papa telefoniert immerzu. Er sagt, er müsse irgendwas organisieren. Und Opa hat heute auch keine Lust, etwas mit mir zu machen. Er meint, ich solle nach Malin schauen, die in ihrem Zimmer mit Puppe Moni Sterben spielt.

Das finde ich aber doof, ich bin sowieso schon so traurig.

Also lege ich mich auf mein Bett und denke darüber nach, wo Oma jetzt wohl ist.

Ist sie vielleicht mit unserer Schwester Lilly zusammen?

Ich würde ja gern fragen, aber alle sind beschäftigt.

Was geschieht nach dem Tod? ➔ Darüber haben die Menschen ganz verschiedene Ansichten. Niemand weiß ganz sicher, was nach dem Tod passiert. Was glaubst du, wo deine Oma / dein Opa nun ist? Male oder beschreibe diesen Ort!

Eine ganze Woche ist seit Omas Tod vergangen. Heute findet auf dem Friedhof Omas Beerdigung statt.

Als wir in die Friedhofshalle kommen, steht Omas Sarg schon da. Mama hat mir erklärt, dass Oma in diesem Sarg liegt. Oben drauf ist eine rote Rose und davor liegt ein Kranz mit einer Schleife, auf der „Unserer geliebten Oma" steht.

Ganz viele Verwandte und Bekannte stehen um Omas Sarg herum. „Hallo, Katrin!", freue ich mich, als ich Omas Pflegerin sehe. Einige von den Leuten, die da sind, habe ich aber noch nie gesehen. „Hat Oma diese fremden Leute gekannt?", möchte ich von Opa wissen. „Ja, Elias", antwortet Opa. „Sie wollen sich von Oma verabschieden."

Dann spielt eine traurige Musik und eine Frau tritt vor. Sie erzählt viel über Oma, aber lauter Dinge, die gar nicht wichtig sind. Von Omas Lachen und ihrer warmen Omahaut sagt sie nichts.

Später geht die Frau mit uns nach draußen zu Omas Grab. Dort ist ein großes Loch. An zwei dicken Seilen wird Omas Sarg von vier großen Männern ganz langsam nach unten gelassen. Viele Leute weinen und ich fasse mit einer Hand Opa und mit der anderen Hand Mama an. Papa passt auf, dass Malin nicht hinunter fällt.

Als alle Leute gegangen sind, wird das ganze Grab zugeschaufelt.

Nun ist Oma wirklich weg. Aber wo?

Wenn jemand gestorben ist ──▶ gibt es eine Beerdigung. Das heißt, dass sein Körper oder seine Asche in ein Grab gelegt wird. Damit man weiß, wer in welchem Grab zu Hause ist, kommt oben drauf ein Grabstein. Normalerweise stehen darauf der volle Name und das Geburts- und das Sterbedatum. Am Grabstein oben kannst du die Daten für deine verstorbene Oma oder deinen verstorbenen Opa dazuschreiben, wenn du möchtest.

Als ich am nächsten Tag aus der Schule komme, gehe ich zu Opa. Ganz alleine sitzt er auf Omas Lieblingssessel. Mir fehlt Oma ja auch, aber dass Opa nicht mehr so ist wie immer, das tut noch mehr weh.

Ich erzähle Opa ein wenig aus der Schule. Ich glaube, er hört gar nicht zu. Erst als ich ihn bitte, mit mir das Oma-Erinnerungsbuch anzuschauen, wird er gesprächiger.

Er erzählt mir, wie es war, als er Oma kennengelernt und geheiratet hat. Damit ich mir das besser vorstellen kann, holt er eine Schallplatte mit Omas Lieblingsmusik aus dem Schrank. Opa hat nämlich keine CDs, aber einen lustigen Apparat, auf dem sich schwarze Platten drehen, die Musik machen.

Irgendwann erklingt ein Lied von roten Rosen. „Danach haben wir immer getanzt", meint Opa.

Schade, das hätte ich gerne gesehen!

„Wo ist Oma jetzt?", frage ich Opa. „Hm, das ist eine gute Frage, Elias", grübelt Opa. „Ich kann es dir nicht so genau sagen. Aber irgendwann kommt Oma wieder – so, wie sie das möchte."

„Interessant!", finde ich. „Ich würde später dann gerne als Tiger wiederkommen, da wäre ich nämlich der Stärkste von allen", informiere ich Opa schon mal.

Und der muss plötzlich laut lachen.

Zu Omas und Opas Zeit ⟶ gab es manche Dinge, die heute ganz selbstverständlich sind, noch nicht. Oma kennt sich beispielsweise nicht mit dem Computer aus, aber dafür weiß sie noch, wie man Wäsche mit der Hand schrubbt und dabei ganz sauber bekommt. In der Bibliothek gibt es viele Bücher, die über das Leben von vor vielen Jahren erzählen. Was würde dich an der alten Zeit besonders interessieren?

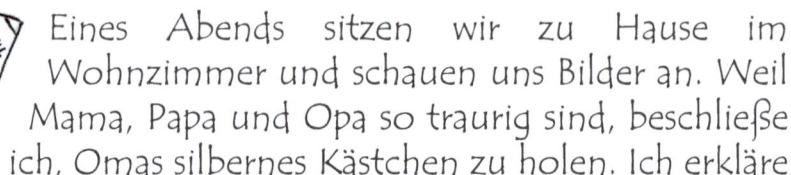

Eines Abends sitzen wir zu Hause im Wohnzimmer und schauen uns Bilder an. Weil Mama, Papa und Opa so traurig sind, beschließe ich, Omas silbernes Kästchen zu holen. Ich erkläre allen, was Oma mir dazu gesagt hat, und dann bekommt jeder ein echtes Trostpflaster.

Ob es wohl hilft? Mir geht es jedenfalls schon ein bisschen besser.

Ein paar Tage später habe ich in der Schule eine Aufführung. Ich spiele nämlich im Schultheater. Dieses Jahr habe ich sogar eine kleine Hauptrolle als bockiges Pony. Ich bringe alle Zuschauer zum Lachen. Wochenlang habe ich Oma gezeigt, wie ich das machen werde, und nun ist sie nicht da. Hätte sie nicht mit dem Sterben warten können?

Mama merkt, dass ich wütend bin, und nimmt mich in den Arm. Sie sagt: „Oma wäre sicher gern gekommen. Aber sie sieht dir auch so zu."

„Wie soll das denn gehen?", frage ich.

Mama meint, dass Menschen in den Himmel kommen, wenn sie sterben. Von dort können sie alles auf der Erde beobachten. Oma wird nichts verpassen und wenn ich aufpasse, dann werde ich spüren, dass sie da ist. Denkt jedenfalls Mama.

Christen glauben ⟶ an ein Leben nach dem Tod. Sie sagen, dass der Mensch in den Himmel kommen kann. Es gibt unterschiedliche Vorstellungen, wie dieser Himmel aussieht. Es soll ein schöner Ort sein, an dem man Gott begegnen kann. Im Himmel soll der Mensch ewig weiterleben, keine Schmerzen haben und stets glücklich sein. Was würde es in deinem Himmel alles geben? Erzähle davon!

Nach dem Theaterstück schnappe ich mir meinen Teddy und krieche ziemlich müde in mein Bett. „Du warst das süßeste freche Pony auf der Welt!", lobt mich Papa. „Sogar Opa hat mehrmals laut gelacht." Dann meint er: „Du bist ein wichtiger Trost für Opa."

Das verstehe ich nicht so richtig. Papa erklärt es mir: „Trost bedeutet, für jemanden da zu sein und zu verstehen, dass er traurig ist."

„Opa mag es, wenn ich mich mit ihm an Oma erinnere", überlege ich laut. „Und Opa findet es lustig, wenn er sieht, dass ich Theater spiele. Das tröstet ihn dann!" Papa nickt und gibt mir einen Schmatz. „Genau so ist es, Elias."

Dann erkundigt sich Papa, wie es mir geht, und ich sage ihm, dass ich nicht weiß, wo Oma ist, weil jeder etwas anderes denkt. Papa erzählt, dass der Tod ein großes Rätsel ist. Jeder darf sich selber überlegen, woran er glaubt. Papa meint, dass Omas Körper nun ein Teil des Kreislaufs der Natur wird. „Jede Blume, die auf Omas Grab wächst, ist ein Teil von Oma", sagt er. „Aber für uns ist Oma da, solange wir uns an sie erinnern."

„Ich werde mich bestimmt immer an Oma erinnern", murmele ich.

Zufrieden kuschle ich mich in meine weiche Bettdecke und denke an die vielen schönen Dinge, die Oma und ich gemacht haben.

Rasch schlafe ich dabei ein.

Ein Lebewesen ⟶ vergeht nach dem Tod. Das kannst du beispielsweise an einer Blume beobachten, die langsam verwelkt. Manchmal wird bei einer Beerdigung gesagt: „Asche zu Asche, Staub zu Staub". Das meint, dass es einen natürlichen Kreislauf gibt, zu dem auch der Mensch gehört. Auch wenn der Gestorbene also nach dieser Idee nicht mehr da ist, lebt er in der Erinnerung seiner Familie weiter.

Nach ein paar Tagen machen Opa, Malin und ich einen Spaziergang im Park. Wir spielen „Ich sehe was, was du nicht siehst".

Erst ist Opa dran: „Ich sehe was, was du nicht siehst, und das ist rot!"

Wir raten eine Weile, und dann kommt Malin darauf, dass es ihr Fahrrad ist.

Dann bin ich an der Reihe: „Ich sehe was, was du nicht siehst und das ist blau."

Opa weiß gleich Bescheid: Es ist der Himmel.

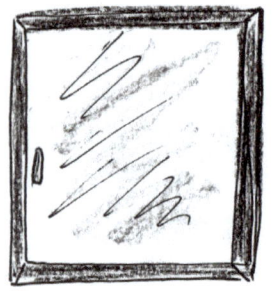

Also muss Malin sich etwas ausdenken. „Ich sehe was, was du nicht siehst und das ist durchsichtig." Dass Malin immer so einen Unsinn erzählen muss. Wie sollen wir was sehen, was nicht zu sehen ist? Wir raten trotzdem – Luft, Pupse, eine Fensterscheibe.

„Alles falsch", meint Malin. „Oma!"

Erstmal schauen Opa und ich uns ratlos an. Dann sagt Malin: „Oma hat eine Seele, das weiß ich aus dem Kindergarten. Eine Seele kann man nicht sehen, aber sie ist alles, was an Oma so toll war. So ist das nämlich."

Ist das wirklich so einfach? Vielleicht ist Oma wirklich durchsichtig, schließlich sind das viele Dinge auf der Welt. Und sie sind trotzdem ganz bestimmt da. „Das ist eine schöne Vorstellung", meint Opa, nimmt uns an der Hand und wir gehen zusammen nach Hause.

Die Seele ⟶ ist unsichtbar. Manche Menschen glauben nicht an sie, aber andere denken, dass dies jener Teil des Menschen ist, der seinen Charakter ausmacht. Jeder Mensch hat eine andere Seele und ist einzigartig. Oft verbindet sich die Idee der Seele mit der Vorstellung vom Himmel. Das sei der Ort, wo die Seele nach dem Tod hinfliegt. Was war das Besondere an deiner Oma / deinem Opa, was hat sie / ihn besonders gemacht?

Einige Monate sind vergangen. Ich gehe zur Schule und Malin nun auch. Wir spielen und manchmal zanken wir uns. Opa kocht das Mittagessen, macht mit uns Hausaufgaben und spielt mit uns Mensch-ärgere-dich. Und manchmal, besonders wenn wir etwas Tolles erleben, dann denken wir: Es wäre so schön, wenn Oma dabei wäre.

Manchmal sagen wir es auch – und dann nickt Opa ein bisschen traurig, Mama weint ein, zwei Tränen und Papa seufzt: „Ja, das stimmt."

Doch jedem von uns ist ganz klar, dass Oma immer nah bei uns ist.

Am Weihnachtsabend fehlt sie uns besonders. Oma hat immer Kekse gebacken und Weihnachtslieder gesungen und das Glöckchen geläutet. Das alles machen wir dieses Mal auch, aber es ist ganz anders als sonst.

Mama schlägt vor, dass wir auch für Oma einen Platz decken an unserem Weihnachtstisch. Als später die Geschenke unter dem Baum liegen, entdecken wir ganz unten ein kleines Päckchen ohne Namen. Malin darf es öffnen und so viel kann sie schon lesen, dass sie weiß, da steht „Von Oma". Zum Vorschein kommen viele kleine Bilderrahmen und in jedem sieht man Oma. Unten drunter steht: „Ich bin immer da."

Das ist ein bisschen traurig, aber auch sehr schön.

Ich bin immer da.

An Feiertagen ⟶ und besonderen Ereignissen denken die meisten Menschen an diejenigen, die schon gestorben sind. Sie stellen sich vor, wie beispielsweise das Weihnachtsfest wäre, wenn alle noch auf der Erde wären. Solche Tage in der Familie sind eine gute Gelegenheit, sich zu trösten. Man kann aber auch an die wunderbaren Momente mit Oma / Opa denken. Was würdest du Oma / Opa schenken, wenn sie / er noch leben würde?

Plötzlich läutet das Glöckchen noch einmal.

„Aber Papa, das Christkind war doch längst schon da", protestiere ich. Doch Mama sagt, dass es noch eine Überraschung für uns gibt.

Wir setzen uns alle erwartungsvoll hin und dann meint Mama lächelnd: „Ich erwarte ein Baby!"

Malin und ich jubeln, und Opa freut sich auch sehr.

„Und wenn es ein Mädchen wird, soll die Kleine ‚Hannah' heißen", erklärt uns Papa. So wie Oma Hanni eben. Ich finde die Idee super, und auch Opa sieht sehr glücklich aus.

Er sagt: „Ich glaube, dass sich Oma sehr darüber freuen würde!"

Unser Leben ⟶ verläuft zwischen der Geburt und dem Tod. Das nennt man auch einen Kreislauf, denn immer wieder werden Babys geboren und alte Menschen sterben. So entstehen Generationen, die aufeinanderfolgen: Großeltern, Eltern und Kinder. Nicht selten werden Vornamen innerhalb der Familie weitergegeben. Trägt in deiner Familie jemand Omas / Opas Namen?

Zur Erinnerung an Oma und Opa

Hilfreiche Tipps

Vorstellungen vom Tod

Je nach Alter haben Kinder sehr unterschiedliche Vorstellungen, was der Tod eigentlich bedeutet. Sie begegnen ihm aber von Beginn ihres Lebens an immer wieder – in Märchen, Filmen, in der Natur. Gerade dort, wo das Kind emotional wenig betroffen ist, kann der Tod erklärt und als unvermeidlicher Teil des Daseins wahrgenommen werden.

Im Alter von null bis sechs Monaten haben sie natürlich noch keine Vorstellung vom Tod. Wenn sie auf den Tod von Oma/Opa reagieren, dann deshalb, weil die Eltern sich in ihrem Verhalten verändern. Bis zum Alter von eineinhalb Jahren verstehen Kinder auf einer unbewussten, emotionalen Ebene, was Trauer ist. Sie begreifen, dass man traurig ist, weil etwas nicht mehr da ist. Sie sehen den Tod aber als etwas Vorübergehendes. Auch im Kindergartenalter wird der Tod als etwas Vorübergehendes gesehen. Man kann Kindern aber in diesem Alter schon konkret erklären, was Tod bedeutet.

Im Grundschulalter verstehen Kinder, dass Oma oder Opa nicht mehr zurückkommen. Sie begreifen auch, dass der Tod jeden betrifft. Hier ist es besonders bedeutsam zu erklären, dass es drei Gründe für das Sterben gibt – schwere Verletzungen oder Krankheiten und ein hohes Alter. Damit beugt man einer ständigen Angst vor dem eigenen möglichen Tod vor. Mit neun bis zwölf Jahren versteht ein Kind den Tod abstrakt und ist neugierig auf biologische Aspekte des Todes und Einzelheiten der Beerdigung.

Ist das Kind älter, kann man davon ausgehen, dass es den Tod auf ähnliche Art wie ein Erwachsener versteht. Es ist dann vor allem wichtig, das Thema nicht zu komplex zu erklären, sondern auf das Verständnis des Kindes abzustimmen.

Trauerreaktionen

Von tiefer Bestürzung bis zum scheinbaren Unbeteiligtsein ist ein großes Spektrum an Reaktionen auf den Tod eines Großelternteils möglich. So kann es vorkommen, dass Kinder unmittelbar danach zum Spielen wollen, lachen oder ganz normale Bedürfnisse, wie Hunger, Durst oder Ähnliches, äußern. All dies sind normale Reaktionen. Häufig sind Schock, körperliche Ausdrucksformen, Wut, Schuldgefühle, Angst, aber auch Regression, das heißt der Rückfall in bereits überwundene Entwicklungsphasen. Teile davon, alles, aber auch gar nichts kann auftreten, während das Kind trauert.

Informieren

Auch wenn Sie vielleicht denken, Kinder sollten mit dem Wissen um Sterben und Tod nicht belastet werden, so zeigen doch alle Studien, dass es gut ist, den Kindern offen die Abläufe um den Tod zu erklären. In dem Alter angemessenen Worten sollten Todesursache, Begräbnis und ähnliche Themen besprochen werden. Zum Informieren gehört auch, den Kindern eine eigene Wahl zu lassen: Möchten sie zur Beerdigung mitkommen? Möchten sie Oma oder Opa noch einmal sehen? Möchten sie zu späteren Zeitpunkten mit auf den Friedhof gehen?

Manchmal haben Kinder sehr eigenwillige Vorstellungen von Sterben, Tod und Trauer. Bemühen Sie sich, nicht mit dem Maßstab eines Erwachsenen zu messen. Dass Ihr Kind zum Beispiel schon nach wenigen Stunden oder Tagen das neue Spielzeug spannend und lustig findet, ist für Sie befremdlich, für ein Kind aber ganz normal. Auch eigenwillige Überlegungen, zum Beispiel dass Oma oder Opa als für Dritte unsichtbarer Begleiter überall dabei ist, sollten Sie nicht abwerten. Kinder bauen sich so Hilfskonstruktionen, die ihnen ein Verarbeiten der Trauer ermöglichen.

Sprechen vom Tod

In jedem Alter sollten sich Eltern in ihren Erklärungen an folgende Grundregeln halten: Seien Sie ehrlich. Beschönigen Sie nicht. Geben Sie klare, eindeutige Antworten. Beantworten Sie nur, was das Kind von sich aus wissen will. Vermeiden Sie Erklärungen wie ‚Gott hat das Kind zu sich geholt.' oder ‚Oma schläft jetzt für immer.'. Das kann bei Kindern Ängste schüren, Gott rufe sie vielleicht auch bald zu sich oder sie könnten nach dem Schlaf auch nicht mehr aufwachen.

Trauer erleben und nachahmen – kreativer Umgang mit Trauer

Wie Kinder mit ihrer Trauer umgehen, hängt wesentlich auch von den Eltern ab. Sie sind das wichtigste Vorbild. Deswegen schadet es einem Kind keinesfalls, Gefühle der Eltern mitzuerleben. Die Vorstellung, Kinder sollten vom Thema Tod und Sterben ferngehalten werden, ist ein verbreitetes und falsches Vorurteil. Kinder können aus diesem Erleben Wichtiges für ihr Leben lernen – ihre Gefühle auszudrücken, für jemanden da zu sein, dem es schlecht geht, dem Tod zu begegnen und ihn zu akzeptieren.

Es gibt zahllose Wege, mit seinen Kindern die Trauer zu gestalten. Das könnte beispielsweise sein: eine Erinnerungszeremonie, ein Erinnerungsalbum, eine Kerze entzünden, auf den Friedhof gehen, das Geschehene malen, darüber schreiben oder ein Bild aufstellen. All das soll ein Kann, keinesfalls aber ein Muss sein. Nur weil Sie es für wichtig halten, muss Ihr Kind noch lange kein Interesse an offensichtlicher Trauerbewältigung haben. Gerade kleine Kinder verarbeiten das Erlebte oft im täglichen Spiel.

Trauerhilfen

Vielleicht geben Sie Ihrem Kind etwas, was Oma oder Opa gehört hat und was es behalten darf. Sie können auch immer wieder über die Erlebnisse mit Oma und Opa sprechen. So halten Sie schöne Erinnerungen wach.

Das Wichtigste noch einmal zum Schluss

Entscheidend ist nicht, welche Vorstellungen Sie vom Tod haben, sondern dass Sie aufrichtig und ehrlich sind. Kinder spüren sehr genau, wenn Erwachsene etwas verheimlichen, nicht die Wahrheit sagen oder ausweichen. Dagegen ist es nicht belastend für die Kinder, ehrlich zuzugeben, wenn man keine Antwort hat. Die wichtigste Voraussetzung für ein angemessenes Verhalten ist, sich Gedanken über die eigene Beziehung und Vorstellung zum Tod zu machen.

Glossar für Eltern
Das Glossar erhebt keinen Anspruch auf Vollständigkeit

Beerdigung / Beisetzung / Bestattung: Eine Beerdigung beginnt meist mit einer Gedenkfeier, bei der auch Musik gespielt wird. Dann wird eine Trauerrede gehalten, entweder von einem Pfarrer oder einem anderen Trauerredner, manchmal ist das auch ein Verwandter. Schließlich gehen die Angehörigen gemeinsam zum Begräbnisplatz, wo der Verstorbene meistens entweder in einem Sarg oder in einer Urne beigesetzt wird.

Beileid: Jemandem sein Beileid auszusprechen, bedeutet ihm mitzuteilen, dass man am Tod des von ihm geliebten Menschen Anteil nimmt. Beileid ist oft stark ritualisiert und es werden Beileidsfloskeln gesprochen / geschrieben, die dem Hinterbliebenen oft nicht helfen. Beileid kann aber auch sehr persönlich und damit eine Form des Tröstens sein.

Bestatter: Bestatter ist ein Beruf. Jemand, der als Bestatter arbeitet, organisiert die Vorgänge um den Tod eines Menschen herum, die Aufbewahrung und Herrichtung des Toten für die Beerdigung, die Bestattung, Trauerfeier und die Behördengänge. Ein guter Bestatter hat ein offenes Ohr für die trauernden Hinterbliebenen und versucht, ihre Wünsche zu berücksichtigen.

Demenz: Diese Krankheit wird auch Alzheimer genannt. Ein Mensch, der daran leidet, wird mit der Zeit vergesslich und verwirrt. Demenz ist nicht heilbar und es gibt keine Medikamente dagegen. Meist sind ältere Menschen betroffen. Man kann ihnen helfen, gut mit ihrer Erkrankung umzugehen, indem man geduldig mit ihnen ist, sich viel mit ihnen unterhält und ihnen beispielsweise hilft, Dinge wiederzufinden, die sie verlegt haben. Demenz ist keine Krankheit, die zum Tod führt, aber sie begünstigt weitere Erkrankungen, an denen ein Mensch sterben kann.

Erinnerungsbuch: Ein Erinnerungsbuch ist meist eine Mischung aus Tagebuch, Gedenkbuch und Fotoalbum. Auch andere gegenständliche Erinnerungen können darin Platz finden. Mit dem Buch ist es möglich, Erinnerungen festzuhalten und sich ihrer immer wieder zu versichern. So kann ein Erinnerungsbuch ein Trost sein. Im englischsprachigen Raum gibt es für die Gestaltungsform einen besonderen Ausdruck: scrap-booking.

Friedhof: Auf einem Friedhof werden verstorbene Menschen in einem Grab bestattet. Ursprünglich leitet das Wort von "frithof" ab, das meinte früher einen eingezäunten Vorhof einer Kirche. Heute sind nicht mehr alle Friedhöfe mit einer Kirche verbunden. Auf einem Friedhof gibt es Gräber mit Grabsteinen für Särge (Erdbestattung) und für Urnen (Feuerbestattung) und manchmal auch Grabfelder ohne Grabsteine, wo Menschen bestattet sind, ohne dass ihr Name erwähnt ist. In verschiedenen Ländern gibt es sehr unterschiedliche Bräuche, wie man mit Toten umgeht und wie man einen Friedhof / ein Grab gestaltet.

Grab: Ein Grab ist eine Stätte, an der ein Toter beerdigt wird. Gräber sind einerseits festgelegte Stellen, um Tote zu begraben, andererseits sind sie oft ein wichtiger Erinnerungsort für die Hinterbliebenen.

Leben nach dem Tod: Die Frage, was nach dem Tod kommt und ob es ein Leben nach dem Tod gibt, ist so alt wie die Menschheit selbst. Es gibt darauf unzählige Antworten. Da die meisten Menschen Angst vor dem Tod haben, möchten sie sich vorstellen können, wie es danach weitergeht. Da niemand beweisen kann, was tatsächlich nach dem Tod geschieht, gibt es nur persönliche Antworten. Manche Menschen glauben zum Beispiel an Reinkarnation, andere an ein Totenreich. Jede dieser Vorstellungen hat ihre Berechtigung.

Palliativpflege / Palliativdienst / Palliativmedizin: Palliativ bedeutet ‚umhüllen' und meint die Begleitung eines Sterbenden, der nicht mehr geheilt werden kann. Es geht dabei um medizinisches, pflegerisches und psychologisches Fachwissen über Maßnahmen und Aufgaben, die innerhalb des ganzheitlichen Konzeptes von professionellen Pflegekräften erbracht werden und der Verbesserung der Lebensqualität von Pflegebedürftigen mit unheilbaren, lebensbedrohlichen oder terminalen Erkrankungen und deren Angehörigen dienen.

Sarg: Ein Sarg ist ein Behältnis aus Holz für den Transport, die Aufbahrung und die Beerdigung eines Toten. Ein Sarg wird verwendet, wenn der Tote in der Erde bestattet wird, aber auch, wenn er zuvor verbrannt wird und seine Asche in einer Urne beigesetzt wird.

Seele: Die Vorstellungen von „Seele" sind überaus verschieden. Im Allgemeinen wird darunter das nicht-sichtbare, nicht-materielle Ich in einem Körper verstanden. Viele Menschen glauben, dass es die Seele ist, die den Tod, also das physische Leben auf der Erde, überdauert.

Sternenkind: Sternenkinder sind Kinder, die vor, während oder kurz nach der Geburt gestorben sind. In der Reihe „Ich weiß jetzt wie!" des Verlags edition riedenburg ist dazu ein gesonderter Band erschienen („Lilly ist ein Sternenkind").

Trauer: Als Trauer wird das Gefühl der Niedergeschlagenheit und der fehlenden Lebensfreude bezeichnet. Mascha Kaléko hat dies in einem Gedicht auf den Punkt gebracht: „Bedenket: Den eigenen Tod, den stirbt man nur. Doch mit dem Tod der anderen muss man leben." Nach der ersten Schockphase holt die Realität den Trauernden ein. Das Unfassbare wird als wahr erkannt. Wut, Verzweiflung und viele andere Gefühle zeigen sich. Die Trauerreaktionen sind von Mensch zu Mensch verschieden. In unserer Gesellschaft ist wenig Platz für Trauer. Die Zeit zum Trauern ist aber überlebenswichtig, gerade auch für Kinder. Trauer hört nicht auf, aber sie verändert sich. Kinder erscheinen oft schnell nicht mehr traurig, sie trauern auf ihre eigene Weise.

Trost: Jemanden zu trösten meint, für ihn da zu sein in der Trauer um den Verstorbenen. Trost kann zum Beispiel durch Worte, Gesten oder Berührungen geschehen, aber auch, indem ein Raum eröffnet wird, in dem der Trauernde über seine Gefühle sprechen und sich an den Gestorbenen erinnern kann. Kinder trösten oft intuitiv sehr zugewandt und natürlich, oft indem sie überlegen, was ihnen selbst gut tun würde.

Wichtige Adressen

Kindertrauer

Informationen über Trauer bei Kindern
www.kindertrauer.info

Trauerland – Zentrum für trauernde Kinder und Jugendliche e.V.
www.trauernde-kinder.de

Trauerangebot für Kinder und Jugendliche
www.kinder.trauer.org

Bundesverband Trauerbegleitung
www.bag-trauerbegleitung.de

Lacrima. Zentrum für trauernde Kinder und Jugendliche
www.lacrima-muenchen.de

Informationen rund um das Thema

Dimensionen von Tod im Leben eines Kindes
www.sonderpaed-online.de

Wenn Kinder nach dem Tod fragen / Wie Kinder Tod und Trauer erleben
www.familienhandbuch.de

Todesvorstellungen und Trauer bei Kindern
www.pbueche.de

Foren

Trauerforum
www.meinetrauer.de

Probleme, Sorgen und Ratschläge
www.hilferuf.de

Nachwort von Beate Alefeld-Gerges

Ich bin mir sicher, dass dieses Kindersachbuch ein hilfreicher Begleiter für Kinder sein wird. Es bringt vieles mit, was einen guten Trauerbegleiter ausmacht.

Als Erstes einmal ist es offen und ehrlich und erklärt in kindgerechter Sprache all die schwierigen Wörter im Zusammenhang mit Krankheit und Tod, wie z.B. „palliativ" und „Demenz". Es trägt so dazu bei, dass Kinder nicht ausgegrenzt werden.

Für uns im „Trauerland" ist es wichtig, den Kindern zu vertrauen, ihnen die Wahrheit zuzumuten und sie dort abzuholen, wo sie stehen. Unsere Erfahrung ist, dass sich Kinder auf diese Weise ernst genommen fühlen und sich anvertrauen können, gerade auch bei einem Thema wie Abschied und Sterben.

Außerdem ist es wichtig, Kindern Alternativen anzubieten. Wie können sie ihren Weg durch die Trauer finden? Auch hier zeigt dieses Buch viele Möglichkeiten auf, wie z.B. ein Familienbuch basteln, Trostquellen entdecken oder Bilder malen zu verschiedenen Themen.

Ein weiterer Punkt, den dieses Buch auch aufnimmt, sind die ganz privaten Erinnerungen. Es ist so wichtig, Erinnerungen zuzulassen, auch wenn es am Anfang schmerzt. Dieses Buch ermutigt Kinder, Erinnerungsstücke der geliebten verstorbenen Person auszusuchen – auch dies kann ihnen Trost spenden.

Im „Trauerland" gibt es eine wichtige Regel: „Es gibt kein Richtig oder Falsch: Es ist, wie es ist."

Ich finde, dieses Buch ermöglicht viele verschiedene Sichtweisen, ohne zu bewerten, und dies ist wohl die Voraussetzung dafür, dass Kinder genug Freiraum für ihre eigenen Vorstellungen haben.

In diesem Sinne wünsche ich dem Buch viele große und kleine Leser, die sich inspirieren lassen, ihren ganz eigenen Weg durch die Trauer zu gehen.

Beate Alefeld-Gerges
Pädagogische Leitung „Trauerland – Zentrum für trauernde Kinder und Jugendliche e.V."
www.trauerland.org

Die Autorinnen

Dr. phil. Heike Wolter, verheiratet, fünf Kinder, davon ein Sternenkind. Historikerin, Gymnasiallehrerin und Lektorin. Autorin u.a. von „Lilly ist ein Sternenkind" (Band 11) sowie dreier Erinnerungsalben für verstorbene Kinder sowie des Buches „Meine Folgeschwangerschaft" nach dem Verlust eines Kindes zur Vorbereitung auf die nächste Schwangerschaft sowie Bewältigung der bisherigen, oftmals traumatischen Erfahrungen (sämtliche Titel erschienen bei der edition riedenburg).

Website: www.heikewolter.de
E-Mail: buch@heikewolter.de

Regina Masaracchia, verheiratet, 3 Kinder. Examinierte Krankenschwester, Still- und Laktationsberaterin IBCLC. Studium der Germanistik, Grundschulpädagogik und Italienisch in Berlin. Freiberufliche Tätigkeit als Stillberaterin, Illustratorin und Autorin von Fachartikeln, Stillfachbüchern sowie Kinder- und Kurzgeschichten. Verfasserin der beiden erfolgreichen Bücher „Gestillte Bedürfnisse - Glück für Mutter und Kind", ein Still-, Schlaf- und Trageratgeber, und „Gespaltene Gefühle. Lippen-, Kiefer- und Gaumenspalten: ein Elternratgeber", beide Oesch-Verlag.

Website: www.masaracchia.de/regina
E-Mail: regina.masaracchia@libero.it

Ich weiß jetzt wie! Band 11
Lilly ist ein Sternenkind

Lilly, die kleine Schwester von Elias und Malin, soll bald geboren werden. Alle erwarten sie schon sehnsüchtig und bereiten viele Dinge für sie vor. Doch dann kommt es ganz anders - Lilly stirbt völlig unerwartet. Mama weint oft, und auch Papa ist unendlich traurig. Ebenso geht es Elias und Malin, denn sie hatten sich schon so sehr auf das süße Familienmitglied gefreut! Im Krankenhaus lernen die beiden das tote Baby kennen und erhalten eine Gelegenheit, sich ganz persönlich von ihrer Schwester zu verabschieden. Oma und Opa sind in dieser schwierigen Zeit eine wichtige Stütze für sie. Elias und Malin haben nämlich viele Fragen über das Leben und Sterben, sie wollen aber auch fröhlich sein. ~ In diesem Kindersachbuch wird der Trauer von Geschwistern eines ‚Sternenkindes' genügend Raum gegeben und auch der Alltag nach einem Verlust berücksichtigt. Nützliche Tipps und ein Adressteil informieren und helfen betroffenen Eltern und Angehörigen, denn verwaiste Geschwister sind oft doppelt belastet - durch den Tod des Babys und die Trauer der Eltern.

Heike Wolter • Regina Masaracchia (Illustrationen)

Lilly ist ein Sternenkind

**Das Kindersachbuch zum Thema
verwaiste Geschwister**

Reihe „Ich weiß jetzt wie!", Band 11
ISBN 978-3-902647-11-5
edition riedenburg, Salzburg
Im Buchhandel in D, A, CH

edition riedenburg

Heike Wolter: Erinnerungsalben für verstorbene Kinder

„So klein Du auch warst, Du hast tiefe Spuren in unseren Herzen hinterlassen. Dein kurzes Dasein hat uns für immer verändert. Wir vermissen Dich sehr, und sind doch glücklich über das große Geschenk, das Du bist. Wir fragen uns, wer Du gewesen wärst, und wissen doch, wer Du bist. Danke für den kurzen Moment, den Du mit uns geteilt und in dem Du unsere Leben bereichert hast."

Die Erinnerungsalben von Heike Wolter bieten Platz für schriftliche Aufzeichnungen und Fotos sowie weitere Erinnerungsstücke eines einzigartigen kleinen Menschen. Aus der Erfahrung, nur ein handelsübliches Babyalbum für die besonderen Erinnerungen an ihre verstorbene Tochter zu finden, ist die Idee zu diesen Büchern geboren. Jedes Erinnerungsalbum begleitet verwaiste Eltern fehlgeborener, still geborener oder früh verstorbener Kinder auf dem langen und oft schweren Weg der Trauer. Die Alben helfen dabei, ein ganz und gar unfassbares Schicksal anzunehmen, und lassen auch Verwandte und Freunde zu Wort kommen. Alle Erlebnisse rund um Schwangerschaft, Geburt und die Zeit danach können in den Erinnerungsalben für immer in einem stilvollen Rahmen aufbewahrt werden.

Aus dem Inhalt: Die Schwangerschaft mit Dir • Dein Tod • Deine Geburt • Erinnerungen an Dich • Abschiednehmen • Deine Familie und Deine Freunde • Unsere Gedanken und Gefühle • Deine Jahrestage • Unsere Hoffnungen und Träume • Trauer und Gedenken • Tagebuch

**Erinnerungsalben von Heike Wolter • je 100 Seiten • Hardcover • 17 x 22 cm
edition riedenburg, Salzburg • Im Buchhandel in Deutschland, Österreich und der Schweiz**

Egal wie klein und zerbrechlich	**Und wenn du dich getröstet hast**	**Manchmal verlässt uns ein Kind**
Erinnerungsalbum für ein fehlgeborenes Kind	Erinnerungsalbum für ein still geborenes Kind	Erinnerungsalbum für ein früh verstorbenes Kind
ISBN 978-3-902647-38-2	ISBN 978-3-902647-39-9	ISBN 978-3-902647-40-5

das bestattungshaus
Schulte · Pehl · Sitzkarek
Bönen · Hamm · Unna · Drensteinfurt · Rinkerode · Albersloh

Bei Frühchen (unter 500g), die nicht bestattungspflichtig sind, führen wir gemeinsam mit der Familie des verstorbenen Babys eine kostenlose Beisetzung auf einem speziellen Schmetterlingsfeld durch. Im Vorfeld gibt es die Möglichkeit, einen kleinen Sarg selbst zu basteln und die Beerdigung nach den Wünschen der Familie zu gestalten. Der Zeitpunkt der Beisetzung wird mit den Eltern im persönlichen Gespräch vereinbart. Wir betreuen und begleiten Sie auch bei einer individuellen Kinderbestattung und führen Trauergesprächskreise.

das bestattungshaus
Schulte · Pehl · Sitzkarek
Bönen · Hamm · Unna · Drensteinfurt · Rinkerode · Albersloh

Martin Schulte GmbH | Bahnhofstraße 263 | D – 59199 Bönen | Tel. +49 (0)2383 - 911 73 33
Martin Schulte | Mühlenstraße 3 | D – 48317 Drensteinfurt | Tel. +49 (0)2508 - 99 99 436

E-Mail: info@das-bestattungshaus24.de
Internet: www.das-bestattungshaus24.de

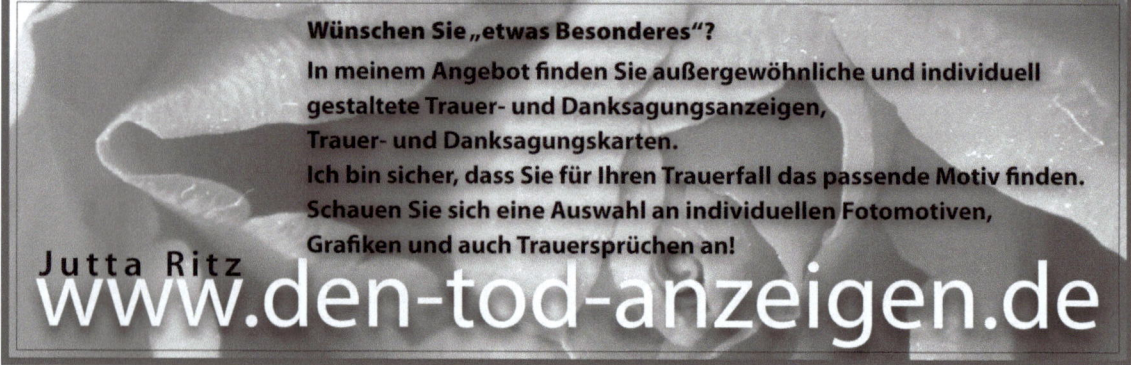

Verlag edition riedenburg
Wo der Storch zu Hause ist.

Viele interessante
Bücher rund um
Schwangerschaft, Geburt
und die Aufzucht der lieben
Kleinen gibt es im Salzburger
Spezialverlag edition riedenburg (z.B.
"Luxus Privatgeburt", "Der Kaiserschnitt
hat kein Gesicht", Kindersachbuchreihe
"Ich weiß jetzt wie!" (Band 12: Oma braucht uns),
Jugendsachbuchreihe "SOWAS!" für kleine und große
Spezialthemen). Flugs ab ins Netz:

www.editionriedenburg.at

edition
riedenburg